BREST, IMP. GADREAU, RAMPE 55

MON VOTE

A PRIORI

⸗⸗⸗

CRAYONNAGES

SUR NOS PERSONNALITÉS

DÉDIÉS

PAR UN ÉLECTEUR BRESTOIS

A son futur Mandataire de 1869

« Honny soit qui mal y pense. »

BREST

CHEZ LES PRINCIPAUX LIBRAIRES

1869

A MES CONFRÈRES ÉLECTEURS

Messieurs,

Avant de causer avec mon futur mandataire, permettez-moi de vous dire que :

Nos prochains SAUVEURS ? ceux qui se donnent tant de peines pour nous *éclairer* ? et qui veulent *évidemment* nous faire voter pour Eux ! en tout bien et tout honneur ?

POURRAIENT SE TROMPER

SI

toutes les lumières qu'ils font *briller* nous *aveuglaient* ; et si, à la place de tout *l'esprit* qu'ils prodiguent, nous opposions, *simplement* et *économiquement*, notre *simple bon sens*

EN VOTANT POUR NOUS.

Veuillez bien croire que : ce n'est pas pour satisfaire ma vanité personnelle de me faire imprimer et *peut-être* de me faire lire , que j'ai écrit ces quelques lignes.

Mais je suis *ennuyé, fatigué,* et SURTOUT HUMILIÉ du rôle de *pantin électoral* tel qu'on me l'a fait ; et j'éprouve le besoin de remplir *une bonne fois* mon rôle de *père de famille* et de *citoyen Français* en

VOTANT RÉELLEMENT.

Depuis notre immortelle Révolution de 1789 nos *prétendus mandataires* font de *prétendues professions de foi.* N'est-il pas venu le temps *rationnel* où les *Électeurs* dicteront à leurs *mandataires la ligne de conduite* suivant laquelle ils doivent marcher, d'un pas *sérieux, inflexible, droit, honnête, etc.,* vers la solution du problème de *l'avenir ?*

Il ne faut pas s'illusionner !! nous allons jouer, dans quelques mois, la *grande et sérieuse* partie de notre existence *particulière* comme *personnalité de ce monde* et comme *membre d'une société française.*

Monsieur mon futur Mandataire,

J'ignore qui vous serez ; mais je sais que :
si ma prétention d'être un bon *Français* et un
électeur sérieux, m'oblige à faire marcher mes
intérêts particuliers à la suite de nos intérêts
généraux, votre mission sera, *incontestable-*
ment, de faire en sorte que nos lois générales
ne nuisent que le moins possible à ma petite
personnalité.

Jamais, je pense, les Français n'ont été appelés à remplir un devoir plus important qu'aux
prochaines élections. L'assemblée législative
qui va finir, qui a fait tant et de si beaux discours et qui n'a pas eu le temps de faire assez
de bonnes lois, devrait bien achever de mériter
de l'opinion publique, en provoquant une loi
qui obligeât tous les électeurs à voter, comme
on force tous les Français à tirer au sort.

Dans l'un et l'autre cas, n'est-ce pas l'existence *nationale* de la France *et de chacun de nous* qui est mise en jeu ?

N'est-ce pas la cause de la civilisation à laquelle nous avons à apporter notre sanction ?

Enfin ! n'est-ce pas la cause des *faibles* et des *opprimés* que nous avons à *défendre ?*

L'esquisse que je fais plus loin, de quelques questions d'intérêt local suffira, je pense, à faire comprendre l'importance de notre prochain vote.

De même qu'il n'y a pas, sur la surface de la France, deux personnes qui se ressemblent mathématiquement au point de vue physique, de même, il n'y a pas, au point de vue moral, deux Français qui aient la même manière de voir, *politiquement parlant.* Donc, et de par le respect dû à nos personnalités respectives, il faudrait établir autant de gouvernements qu'il y a de Français et de Françaises (puisque ces dernières se sont fait hommes de par nos idées d'affranchissement).

Vous figurez-vous le chaos d'une pareille tour de Babel politique !

Il faut donc, pour ne pas être de *comiques électeurs,* que chacun de nous mette de côté une portion de sa personnalité, et se range, pour ne pas perdre sa *très importante voix,* sous l'un des quatre ou cinq guidons électoraux qui seraient je suppose :

1° GUIDON LÉGITIMISTE, avec son programme et le retour de ce qu'il demande. . . . . . etc.

2° GUIDON PARLEMENTAIRE, avec son programme, depuis la mémorable parole de Lafayette en 1830, jusques et y compris le triste escamotage de cette dynastie, en 1848, à la barbe de la *garde nationale ébahie,* mais surtout à la barbe des illustres *souteneurs* de ce système gouvernemental.

3° SYSTÈME DÉMOCRATIQUE OU RÉPUBLICAIN, copié sur n'importe lequel des essais de l'antiquité et même des temps modernes, jusques et y compris la principauté de Monaco, toutes les républiques des Amériques et particulièrement celle des *États* autrefois dits *Unis*.

4° SYSTÈME GOUVERNEMENTAL *inconnu ou à inventer*, avec ou sans garantie. . . . .

5o SYSTÈME ACTUEL.

Je pense qu'avec ces cinq là nous en aurons pour tous les goûts.

Seulement, Messieurs nos mandataires, établissez *bien clairement* votre programme ; suivez-le *bien honnêtement à la lettre* ; soyez *légitimistes, parlementaires, démocratiques, indécis* ou *impérialistes*, mais avant tout soyez

FRANÇAIS.

. . . .

Lavez notre linge sale en famille et à huis clos ; ne soyez pas les premiers à salir notre nid dans la crainte que les personnalités natio-

nales Russe, Prussienne, Anglaise ou Améri-
caines, aient l'idée de manger autant de veau
froid en votre honneur que vos prédécesseurs
en ont mangé, *si inutilement*, en faveur de la
Pologne, notre infortunée sœur en gloire militaire.

Un fait acquis peut être malheureux ; mais
lorsqu'on a eu l'imprudence de ne pas le pré-
voir, il faut avoir le courage, la résignation et
surtout la *sagesse* de l'accepter.

J'ai passé trente ans de mon existence à
parcourir le monde ; et j'ai vécu côte à côte
avec les tribus plus ou moins sauvages ou plus
ou moins civilisées. Je vous en souhaite autant,
monsieur mon futur mandataire ; ne fût-ce que
pour répondre à la parenthèse ironique d'un
journal de Paris :

« *La marine écrit beaucoup depuis quelque
temps.* »

Est-ce que la faculté d'écrire *bien* et surtout
raisonnablement, serait une nouvelle spécialité

de cette catégorie si favorisée nommée *Parisiens?*

J'ai vu partout les hommes débuter en se levant à l'état sauvage. Ils jouissaient alors, et dans toute leur plénitude, de ce que nous nommons *les droits de l'homme.*

Ces droits, représentés *sauvagement* par un *casse-tête,* et *civilisatricement* par un *revolver,* leur servaient à gagner loyalement leur déjeûner en chassant, ou à conquérir *despotiquement* la côtelette, cuite à point, de leur voisin.

Les femmes, les enfants, tous les faibles, en un mot, étaient les *éternelles victimes* de cet état primitif. Ces opprimés imaginèrent, dans un but *très louable* de sécurité et de bien-être, de se grouper en *famille.* La femme se mit sous la protection de l'homme, et tous deux unirent leurs forces pour élever des enfants dans lesquels ils aimèrent à revivre.

Voilà, et j'ai l'outrecuidance de l'avouer, le *premier* et le *seul* élément qui me paraisse établir une civilisation.

LA FAMILLE.

Vous avez entendu appliquer la qualification de *personnel* à notre gouvernement. L'intention n'était pas bienveillante, il faut le reconnaître, mais elle était maladroite, car :

1° Les *majorités* sont *personnelles* dans leur coupable indifférence à ne pas voter.

2° Les minorités sont plus que personnelles d'avoir *inventé le droit des minorités* ; qui, *démocratiquement parlant*, ne peut consister qu'à s'incliner *en silence* devant le vote d'une majorité.

3° Enfin, les gouvernements doivent être personnels, c'est-à-dire suivre, vis-à-vis des autres personnalités nationales, une ligne de conduite tracée à l'avance, sous peine d'être

de ridicules instruments de civilisation (questions mexicaine, prussienne, italienne, russo-
turque. . . . etc.)

Avec notre système d'interpellation et de
mise *à un trop grand jour* de nos *secrets personnels,* nous ne pouvons faire de politique qu'au
profit de nos voisins, qui rient sous cape de
notre naïveté.—(Nous, qui nous sommes appelés
le peuple le plus. . . . !! »

Nous sommes *donc* tous personnels de par
l'instinct de la conservation et du bien-être dont
nous cherchons à nous entourer le plus possible. Cette aspiration est légitime au dernier
chef, et elle est en même temps une *cause d'édification* et une *cause de démolition* sociale.

Non-seulement la personnalité s'accuse entre
les membres d'une même famille ; mais elle se
dessine de famille à famille, de commune à
commune, de département à département, de
nation à nation, et finalement de monde à

monde. Car on ne peut pas nier que nous sommes en lutte, *en ce moment*, pour savoir si nous
devons incliner vers la civilisation américaine,
dont l'élément constitutif a été d'abord l'indi-
vidualité, en reniant notre vieille civilisation
européenne, qui s'appuyait exclusivement sur
la famille. Nous retrouvons toujours la personnalité *envahissante* qui obligeât les familles
à se grouper pour former des tribus, d'abord
guerrières puis industrieuses et commerçantes,
afin d'arriver à un apogée de civilisation repré-
senté, dans chaque nation, par notre viel *Etat
social* s'appuyant sur trois bases indispensables :

FAMILLE, RELIGION, ÉTAT.

C'est ici que la personnalité joue son rôle le
plus important, car il faut que ces trois éléments
constitutifs d'une nationalité soient *étroitement
unis*; et je n'hésite pas à dire que la nation
la plus puissante, la plus heureuse et la plus

durable sera celle où la Famille aura une constitution *uniforme et sérieuse*, où la Religion sera *une* et où l'État sera

UN ÉTAT.

Demandez-le aux grands hommes d'État de l'Angleterre, à ceux de la Russie, et peut-être à ceux de la Prusse. . . . Nous pourrions citer aussi ceux de l'Amérique à propos de cette dernière lutte *masquée* entre les États du Nord et les États du Sud.

Nous voilà donc en présence de trois personnalités bien distinctes, et qui cherchent à s'absorber l'une l'autre depuis que le monde est *lui-disant* civilisé.

On peut avancer, sans crainte, que le plus grand ennemi de notre civilisation, de nous-mêmes, en un mot, c'est notre personnalité ; c'est, disons-le, la bonne opinion que chacun de nous a de sa petite personne, et *l'ambition*, excusable (puisqu'elle est inévitable), de faire à son tour notre bonheur général, en étant aussi *à son tour* le chef de notre gouvernement.

On prétend, dit un vieux proverbe, que *l'expérience des pères ne peut jamais servir aux enfants*! Cela se comprend pour les enfants qui s'élancent à pleines voiles dans la vie, avec cette seule, unique et *réjouissante* religion qu'on appelle la *Jeunesse*; mais cela devient *très grave* et nullement *excusable*, lorsque ces mêmes enfants, devenus pères à leur tour, sont des *électeurs sérieux* ou des *mandataires importants*. Le premier usage que je veux faire de ma barbe grise, c'est d'honorer la mémoire de nos *Pères* en *liberté*, en *civilisation*, en *affranchissement*, et ce sera en m'inclinant *respectueusement* devant leur vieille expérience qui leur avait fait décréter l'hérédité des fonctions de chef dans

    La Famille (avec la Justice).
    La Religion (avec la Foi).
    L'État   (avec la Loi).

Cette hérédité dans la Religion est la *complication déroutante* qui préside à l'élection des Papes, afin de détruire la pernicieuse influence de quelques personnalités ambitieuses qui se glissent là comme *Judas* parmi les *Apôtres*.

Notre *personnalité*, cette maladie dont nous sommes tous atteints, se montre en ce moment pour la $N^{ième}$ fois, en nous poussant à changer la forme de notre gouvernement pour retomber encore sur nos pieds, après une $N^{ième}$ *culbute*. Nous y gagnerons comme toujours

RIEN ;

mais nous serons plus pauvres de tous les milliards, de tout le bien-être matériel et de tout le confortable que nos *Sauveurs* nous font gaspiller inutilement depuis 1789, en nous faisant jouer, *à leur profit unique*, ce jeu de bascule qui consiste à dire :

Ote-toi de là que je m'y mette.

Ils (nos sauveurs) se servent pour cela des grands mots de *Liberté, Égalité, Fraternité.*

La liberté peut devenir de la licence; elle peut même engendrer la famine..... Voyez plus loin la liberté du commerce........

. . . .

. . . .

Pour moi, la seule liberté, c'est l'égalité devant les lois, qui doivent être inflexibles, et qui surtout ne doivent pas être faites en faveur de certaines personnalités ambitieuses, avares, hypocrites, criminelles mêmes....., etc. La liberté est tout entière dans le *vote universel*, dans une *sage liberté de la presse* et dans le droit de *réunion pour préparer nos votes*.

Nos Pères nous ont légué tout cela, en versant le plus pur de leur sang; nous n'avons plus qu'à savoir nous servir de ces instruments, en reléguant dans la galerie de nos vieilles armures historiques,

et LES ÉMEUTES

et LES RÉVOLUTIONS,

et cet éternel couteau de Jeannot qu'on appelle la pioche de 89.

TOUT EST DÉMOLI !!!...

Il faut édifier maintenant, et nous serons en droit d'appeler

FAUX FRÈRES

ceux d'entre nous qui nous engageraient à dresser des barricades, en s'abritant derrière l'imbécilité des agneaux qu'ils pousseraient en avant.

PLUS DE SANG NATIONAL

MAIS DES VOTES.

Qu'est-ce que l'Égalité ?

Existe-t-elle entre les belles constitutions phy-siques et les tristes constitutions rachitiques ?

Existe-t-elle entre les belles organisations oratoires et les naïves organisations des abonnés aux feuilles (qui ont la *sournoiserie* de s'appeler de *notre opinion publique*) ?

Je n'ai trouvé l'égalité nulle part dans la nature physique ni dans la nature morale, et toujours, de par le respect dû à nos pères en *liberté*, en *égalité*, en *fraternité*, je m'incline devant leur vieux dicton :

> « Là où la chèvre est amarrée, *de par la destinée*,
> il faut qu'elle broute. »

Je renonce à être Président de l'Empire ou de la République ; je renonce à être même Président d'une assemblée quelconque ; mais je persiste à avoir la *malice* d'être *Électeur*, en votant pour que, *sous le fallacieux prétexte d'égalité*, on n'arrive pas à la triste extrémité de raboter tous les tambours-majors sur les quatre faces et de baillonner tous les orateurs.

Qu'est-ce que la Fraternité ?

Je l'ai vue visible et très apparente d'homme à homme, et je la vois se manifester tous les jours d'une façon en quelque sorte *lumineuse* entre le vrai maître et le vrai serviteur ; entre le vrai patron et le vrai ouvrier, entre le vrai riche et le vrai pauvre, entre le vrai père de famille et les vrais membres de cette famille (qu'il a la lourde tâche de diriger). . . . . . .

. . . .

. . . .

mais je ne l'ai jamais vue entre le loup et l'agneau, pas plus qu'elle ne peut exister, comme nous l'a enseigné Jésus-Christ,

ENTRE LUI ET JUDAS.

Cette fraternité, si visible lorsqu'elle nous touche, est moins apparente lorsqu'elle s'éloigne dans la commune ; elle est à peine sensible de département à département, et elle devient *totalement* obscure de nation à nation. (*A l'adresse des vrais Français*).

Je voudrais croire à la paix universelle, au nom de laquelle on se bat depuis le commencement du monde et au nom de laquelle on se battra *toujours*, je le crains bien, de par la loi universelle. Car je ne puis m'empêcher de remarquer que moi, qui n'ose pas rudoyer un chien qui me lèche la main, j'ai eu du plaisir à dévorer un poulet de la saison, ou un poisson (du temps où il y en avait), ou une douzaine d'huîtres (toujours du temps où il y en avait), et cela, c'est ce qu'il y a de plus triste, sans la moindre *vergogne*.

Ma vue fraternelle ne s'étend pas plus loin, et j'en suis désolé car elle m'empêche de voir :

La fraternité de la Russie à l'égard des Grecs et autres petits frères qu'elle prend sous sa protection, et surtout à l'égard des Turcs, et de cette maudite porte qu'on appelle le Bosphore (qu'elle voudrait ouvrir pour répandre sa fraternité dans la Méditerranée).

Je continue à ne pas voir la fraternité de la Prusse vis-à-vis des petites principautés... etc.

Je vois, parce qu'elle est plus près de nous, et qu'elle a existé de tous temps, la fraternité de l'Angleterre pour nos grasses prairies de Normandie, où il y a de si beaux *roast-beef*.

J'ai entendu parler (mais sans *oser* y croire), de la fraternité des États du Nord vis-à-vis des États du Sud de l'Amérique ; de la fraternité de ces mêmes États en faveur de la race noire, comme contraste de ses relations avec la race jaune des longues oreilles, des nez percés et des pieds fourchus.

J'ai entendu parler de notre fraternité vis-à-vis de nous-mêmes et du dernier décrotteur national, émigré au Mexique, pour cirer les bottes de Juarez ; mais j'ai été forcé de baisser pavillon devant la fraternité *bien autrement fraternelle* de la même Amérique, qui consent à faire le bonheur des Mexicains moyennant une cession (toujours fraternelle) d'une portion de territoire. La même fraternité existe pour l'île de Cuba et pour toutes les fraternités qui lui imposent le devoir de chercher un pied-à-terre non-seulement dans les deux Amériques (qui sont trop étroites pour sa fraternité), mais aussi dans l'Europe, l'Asie, l'Afrique, l'Océanie, et en général dans toutes les parties du vieux monde *rococo* et du jeune monde (que je n'ose qualifier).

J'ai aussi entendu parler de la fraternité noire, à l'époque où il s'agissait de ruiner nos colonies françaises, alors que la perfide Albion continuait à fraterniser l'Inde anglaise, l'Australie (*Ejusdem farinœ*).... etc.

Je faisais alors partie d'une croisière qui avait pour but de dépenser beaucoup de millions pour arrêter le trafic des noirs, aux plus *longues* distances des ramifications de l'esclavage. Parfois j'arrivais au centre africain, à la racine de cette honteuse exploitation de l'homme par l'homme, et j'entendais dire aux rois nègres : qu'ils trouvaient plus de profit à vendre *mille* hommes complets qu'à sacrifier les mêmes mille têtes le jour de leur fête.

Je me suis demandé pourquoi toutes les nations négrophiles n'avaient pas eu l'idée de consacrer une petite portion des *lourds budgets* accordés contre la traite des nègres pour civiliser les peuples noirs d'Afrique qui disent en parlant des singes :

> Petit monde-là, malin !!
> Li pas vouloir parler,
> Parce que Li pas vouloir travailler.

Allez causer de cette question avec la République impériale Haïtienne (celle que l'on qualifiait autrefois de riche colonie de Saint-Dominique).

Cette personnalité nationale que l'on ne peut éviter est une des causes qui me paraissent avoir dirigé la politique de Napoléon Ier, lorsqu'il avait en vue l'alliance avec l'Autriche, la création de l'unité Italienne, celle d'un royaume de Pologne aujourd'hui Prussien , celle de l'Égypte.... etc., et tout cela pour égaliser en quelque sorte les nationalités européennes, afin de rendre moins fréquents les causes ou les prétextes de guerre.

Convenons, en terminant cet essai de ma petite opinion politique , que Napoléon III est le digne successeur de Napoléon Ier, et qu'au point de vue *Religion* l'attitude de notre Empereur vis-à-vis Pie IX est la suite de la conduite de Napoléon Ier vis-à-vis de Pie VII.

Pour ne plus revenir sur cette *grande, brûlante* et très *importante question de Religion,* donnons notre opinion :

Je n'admets l'athéisme que comme une maladie de l'orgueil humain ; qui, en face de la perfection de la création (de ce monde si bien organisé qu'il ne s'use même pas), se raidit dans son impuissance de voir que son être est venu au monde sans savoir ni *pourquoi,* ni

comment, et sans y avoir donné son *autorisa-*
tion. Ce même orgueilleux se révolte aussi d'être
condamné à en sortir à une heure *inconnue* et
toujours sans son *consentement*.

A l'heure des périls, l'homme aime à s'ap-
puyer sur la puissance créatrice ; et la femme
qui est en péril chaque fois qu'elle va accom-
plir la belle mission que Napoléon Ier a esquissée
à Mme de Staël, est plus imprégnée que l'homme
de l'esprit religieux.

Il est excessivement rare qu'à l'heure de la
mort l'homme ne se sente pas attiré vers cette
puissance créatrice que nous nommons, suivant
notre religion, Allah, le Grand'Esprit, l'Être
Suprême..... le hasard, si vous voulez ; mais
que je continue à appeler Dieu, puisqu'il ne
s'agit ici que d'un changement de nom ou de
langage. *Dieu admis*, il lui a plû de créer, à
son heure, Mahomet....., M. de Voltaire,
M. Renan et *tutti quanti*......, il m'a aussi
créé, moi infime, et s'il lui a plû de mettre

plus de perfection dans ces êtres que je viens de citer, qu'en ma petite personne, je comprends et je déduis *mathématiquement* et *scientifiquement* qu'il a eu le pouvoir de créer le Christ en disant :

« Celui-ci est mon Fils bien-aimé, en qui j'ai mis toutes mes perfections. »

Maintenant, Messieurs les savants historiques et Messieurs les rhéteurs, laissez votre *haute science* s'égarer pour faire des mauvais livres, au lieu de faire des *perruques*, comme disait votre nouvelle idole du siècle ; mais vous ne m'empêcherez pas de penser que si Jésus-Christ n'était qu'un homme, c'était l'homme *moraliste* le plus PARFAIT en *liberté*, en *égalité*, en *fraternité*, en la *mort* ; et que je n'ai *ni vu, ni connu, ni entendu parler*, dans tous les siècles, d'une nature qui méritât mieux que lui la qualification (que vous prodiguez partout ailleurs) de

DIVINE.

Cela me suffit, et je tiens de plus en plus à la religion de mes pères.

Au sujet du nouveau Dieu qui doit remplacer Jésus-Christ, je ne puis pas m'empêcher de faire remarquer que MM. nos *philosophes* se sont fourré le doigt dans l'œil jusqu'au coude, en choisissant M. de Voltaire, seigneur de Ferney, ex-quinteux et surtout ex-malicieux vieillard, pour faire descendre le Christ de sa croix (bien innocente) et installer, en son lieu et place, dans un bon fauteuil (toujours à la Voltaire), le seigneur en question.

Est-ce qu'il n'aurait pas été plus *philosophique*, plus *honnête*, plus *libéral*, plus *populaire*, plus *savant*, de choisir un autre nouveau Dieu, par exemple : MOLIÈRE.

Laissez les petits enfants *venir* jusqu'à moi.

Le mot *venir* résume à lui seul toute la polémique de l'instruction au point d'irritation où elle en est aujourd'hui. Je tiens à rester partisan de l'instruction universitaire , parce que c'est celle des pères de *famille* et de l'*État*, et qu'elle n'empêche nullement la *Religion* et *surtout la Foi* d'y descendre en vertu du seul mot **VENIR**.

Je serai *donc* conséquent avec les trois axiomes de notre civilisation :

FAMILLE, RELIGION, ÉTAT.

Les désirs que nous ayons à exprimer ici seraient : 1° que les professeurs de l'Université soient plus étroitement unis avec leurs élèves, par un plus long séjour sur leur noble arène (avec avancement sur place) ; 2° que la pureté morale et la force physique de nos enfants soient un peu mieux sauvegardées qu'elles ne le sont aujourd'hui dans tous les établissements de quelque nature qu'ils soient (cléricaux, particuliers ou universitaires). Et ici encore, les vrais pères de famille n'ont pas une voix assez prépondérante dans les conseils qui *peuvent seuls* indiquer le remède au mal, toujours sous la puissante initiative d'un *État sérieux.*

SUR 13 APÔTRES, JÉSUS-CHRIST NOUS A SIGNALÉ UN JUDAS.

Je ne crois pas être irreligieux en pensant que Notre Saint-Père le Pape soit moins favorisé que le Christ, et qu'en faisant une simple *proposition arithmétique*, en y joignant tous les *vendeurs du temple* et en les remplaçant par des pères de famille pour le prochain Concile, nous pourrions trouver la solution de la question de

ROME

à la grande satisfaction de l'Italie unitaire, de toute la famille chrétienne, de la France, qui reste encore la fille aînée de l'Église, et surtout de tous les pères de famille Français qui verraient dans la reconnaissance du Père moral un moyen certain de faire de tous leurs enfants autre chose que des petits

CREVÉS.

Je tiens donc à honorer, dans Notre Saint-Père le Pape, la personnification

de la RELIGION,
de la FAMILLE,
de l'ÉTAT.

Jésus-Christ a pardonné à

JUDAS

Je crois que nous sommes sages d'autoriser, et même de favoriser, la *liberté de conscience* et même la *liberté des cultes* en laissant le mot

VENIR

opérer sa magique influence.

En m'apprenant mon catéchisme, on m'a appris que Dieu était au *Ciel,* sur la *terre* et

PARTOUT ;

et au milieu des peuplades les plus sauvages et les plus irreligieuses je l'ai toujours reconnu au fond de mon

CŒUR.

Comme je ne suis que Père de Famille et non Père de l'Église, je borne ici ma confession toute FRATERNELLE.

INFLUENCES

JETÉES AU HASARD

DE QUELQUES PERSONNALITÉS

———

Agriculture, Industrie.

———

L'agriculture produit ? L'industriel transforme et consomme, mais il ne produit pas !!!

Si nous étions tous industriels et couchés sur des monceaux d'or, nous pourrions très bien y mourir de faim.

Il faut donc tenir une juste pondération entre ces deux sources de la richesse et du bien-être public. Le temps est proche' et a déjà commencé, comme le dit très bien notre illustre Balzac (dans une de ses œuvres de la *Comédie humaine*), où nos modernes industriels, après avoir tué la religion des campagnes et mis à la place du cœur des campagnards un rocher enveloppé dans l'image de *Saint-Écu* ; où, dis-je, ces industriels (multipliés à l'infini) offriront, peut-être en vain, la montagne d'or qu'ils auront amassée pour se procurer le plus chétif morceau de pain.

Du temps du bon roi Henri IV, on voulait arriver à ce que chaque Français pût mettre la poule au pot.

Nos modernes philantropes ont fait mieux, et ils ont décidé qu'il fallait y joindre la chopine

D'UN VIN GÉNÉREUX.

Aussi voyons-nous dans chaque maison qui s'élève etablir d'un côté un café et de l'autre une succursale des vignerons réunis, et ce avant que la maison soit sortie de terre.

Lorsque toutes nos maisons seront copiées sur ce type ou même lorsqu'il n'y en aura qu'un sixième (vous voyez que je suis modeste dans ma proportion), il faudra *de toute évidence* que les industriels de ces deux commerces trouvent leur *juste rémunération annuelle* sur la population des six maisons. Ceci peut nous amener à penser que :

La quantité nuit DÉJA à la qualité.

La solution de cette question *du vin* aurait peut-être la double influence de résoudre celle *de l'eau*, après laquelle on court depuis si long-temps, pendant que cette même eau court, d'un air *narquois*, dans tous nos ruisseaux dits

DU BOIS D'AMOUR,

car au lieu de la mettre en barrique aux épo-ques caniculaires de la *grande soif* on pourrait la mettre en citerne, pour alimenter une *loco-mobile* qui nous rendrait la *pareille* eau chez nous (y compris la partie annexée, et cela avec un pouvoir *plus économique* que celui du *sorcier* à la baguette magique.

———————

LES INTERPELLATIONS. — Nos modernes sauveurs ont inventé les interpellations, parce qu'il faut que la classe des *travailleurs* trouve de l'*ouvrage*.

Depuis bientôt quatre ans environ, la France s'est arrêtée, les bourses se sont fermées, nous avons un peu souffert la faim, et nous sommes arrivés à comprendre :

1° Que la guerre de Crimée a été rationnelle (peut-être faudra-t-il la recommencer).

2° Que nos expéditions en Chine et Cochinchine sont approuvées (*in petto*) par les Anglais.

3° Que la question d'Italie et de Rome en est encore au point où notre Empereur Napoléon Ier voulait la placer.

4° Que l'expédition du Mexique était nationale puisque, dès 1838 (bombardement de Saint-Juan d'Ulloa), les Mexicains avaient pris la funeste habitude de molester quelques Français, presque comme dans la Régence d'Alger, d'un temps plus ancien. Pendant les interpellations, nous nous sommes retournés et nous avons vu quoi !!!

LA PRUSSE QUI RIAIT

(sans interpellation)

et l'Angleterre qui préparait sa vengeance nationale d'Abyssinie,

(toujours sans interpellations)

et en se découvrant comme un seul homme devant le mot *Quenn*.

Les *interpellations* à notre gouvernement, à nos ministres, à nos mandataires..., etc., sont *utiles, nécessaires* même ; mais elles doivent être faites avec *dignité* et *nationalité*, sans *publicité décourageante et ruineuse*, et naturellement à *huis clos*, hors de la présence de cette gracieuse population des tribunes qui serait privée des *coups de théâtre* et des émotions *oratoires*.

La politique nationale veut la *discrétion*, le *mystère*...., etc., etc.

Quand le pain est cher, il faut cultiver son champ. Or, tant que durent les interpellations, nous nous croisons les bras pour savoir à qui nous accorderons la palme, si c'est à Polichinelle ou à Arlequin. Décidément, comme nous disons entre matelots, les interpellations ne font pas

de la belle ouvrage.

Décidément encore, et comme le disent encore les matelots dans leur pittoresque langage, en parodiant un vieux dicton :

Un bon chien vaut mieux que deux cancrelats.

Donc, au lieu de nous faire *perdre tout notre temps* en élections ou en attente d'élections, comme nous en perdons déjà les trois quarts en foires de ceci et en marchés de cela, nous demandons à rester plus long-temps occupés de nos terres, et nous nous contenterons :

De nommer : 1° *tout spirituellement et uniquement* le plus honnête homme de notre quartier (dans les villes) et de notre circonscription *cadastrale* (dans les campagnes).

Celui-là sera le *seul, infatigable* et *honnête* porteur de nos intérêts, et comme il sera notre voisin, nous n'aurons pas à craindre qu'ayant tous ses intérêts en Cochinchine (par exemple), il soit exposé à confondre nos *chers* et *légiti-*

mes besoins avec ceux des Cochinchinois, qui sont respectables , je le veux bien, mais qui ne sont pas NÔTRES.

Le choix de nos députés, de nos administrateurs communaux ou de..... etc., etc., serait laissé au *bon sens* et non *à l'esprit* de cet unique mandataire, et je n'hésite pas à le dire, ce serait le seul moyen d'avoir *tous* notre *poule au pot, en face de la chopine.* Ce moyen de faire gouverner *le peuple par le peuple* serait préférable, à mon sens, aux systèmes tant prônés des Anglais et des Américains , avec les ovations sur des tonneaux. Nous préparerions nos votes avec le droit de *réunion*, qui ne serait pas un droit de *pugilat*, mais qui serait *échelonné* et *réglementé* sans *veau froid.*

LA PRESSE. — Nous avons besoin de la liberté de la presse pour avoir le droit de réclamer contre une injustice. — Nous trouvons sage qu'une administration surveille les *champignons vénéneux* qui pourraient se glisser au marché. — Nous ne mettons jamais nos fusils de chasse entre les mains de nos enfants dès qu'ils sortent de nourrice. — Nous comprenons la triste nécessité des *cocottes surveillées* et même *parquées*, puisqu'il y a des célibataires forcés et volontaires.

Pourquoi n'aurions-nous pas les *lupanars* de la *pensée* comme nous avons les *lupanars* de la *chaire?* Que de *bave immonde* on répand actuellement sur tout ce que notre civilisation avait créé de *respectable*.

Nos enfants vont à l'école en achetant, chemin faisant, une brochure plus ou moins décemment illustrée, ou une feuille de cette abondante petite presse, à l'aide de laquelle ils apprennent à résoudre le problème de la vie. Ils se rendent ensuite en classe pour rédiger la note qu'ils enverront à leur journal, parce qu'ils ont résolu de se révolter contre leurs professeurs et de les enfermer dans cette même armoire aux perruques où ils ont déjà placé depuis long-temps leurs parents, gouvernants, etc.

Je ne parle pas de l'éducation plus spéciale des filles qui autrefois vivaient sous l'aile de leurs mères (à l'époque où il y avait des mères), parce qu'aujourd'hui elles vont à des cours publics apprendre l'histoire naturelle et les mystères de la création....., etc., etc.

Vis-à-vis de ces bienfaits de la presse libre (nous y applaudissons), mais sans freins (nous en gémissons), nous ne pouvons pas omettre de dire un mot sur la magistrature *jeune-France*.

Chaque fois que j'ai été appelé à remplir des devoirs de jurés ; j'étais, au début de la séance, fortement impressionné de l'aspect *respectable* qu'offrait les membres de la cour dans leur costume sévère, et assis sous l'image du Christ.

La seule impression pénible que j'éprouvais avait pour unique cause le *talent*, la *finesse*, la *ruse*, tout l'*attirail oratoire* en un mot, déployé par les avocats qui prenaient à tâche de défendre une mauvaise cause et d'arriver à l'honneur de faire relancer, dans le milieu social, un vrai criminel dont la faute présente était aussi évidente que les 12 ou 13 récidives antérieures de ce même et intéressant criminel. Nous persistons donc à considérer comme un enfantillage cette idée nouvelle de renier le costume de notre ancienne et très honorable magistrature pour venir en *moustaches* siéger sur le piédestal de la défense, et nous conservons toutes nos ressources *hilarantes* pour le moment où ces jeunes-Frances, jetant décidément le froc aux orties, se présenteront pour plaider la cause

de la Justice

et de la Civilisation

dans le costume vraiment historique d'*Arlequin*.

Un autre magistrat a considéré comme un enfantillage *certains* écarts de *certains organes de la presse*, et s'est retiré de la noble enceinte où il siégeait avec tant d'éclat, dit-on, pour ne pas entacher sa conscience d'une pénalité qui lui paraissait trop lourde. Je suis partisan de la *liberté de conscience* ; mais je ne puis pas m'empêcher de remarquer, non pas à titre d'électeur ou d'éligible , mais à titre de père de famille que cette *susceptible conscience* de magistrat aurait été satisfaite d'une façon

BIEN PLUS MAGISTRALE,

si les choses s'étaient passées dans l'ombre et le silence de...... la non publicité.

ARMÉE ET GARDE NATIONALE. — Dire du mal de l'armée, c'est dire du mal do tous les

Français, car nous tirons tous à la conscription et chacune dé nos familles a un ou plusieurs de ses membres dans cette sauvegarde de notre nationalité, et tous les Français qui en ont fait ou en font encore partie considèrent comme un vrai titre de noblesse l'*obéissance passive*, cette preuve du vrai courage, de la vraie nationalité...., etc., etc.

L'armée ne délibère pas lorsqu'on lui donne l'ordre de marcher, l'arme au bras, contre des émeutiers qui commencent par lui jeter des pierres pour lui faire monter la moutarde au nez.

Je crois qu'il est plus sage de *militariser* la garde nationale que de *garde-nationaliser* l'armée.

La création de la *garde mobile* en face de l'Europe *armée* toujours, quoi qu'on en dise, a été une œuvre *nationale*, toujours quoi qu'on en dise. Peut-être sera-t-elle obligée de le prouver bientôt, malgré le dire de ceux qui n'ont de militaire que leurs moustaches, et dont leurs écus sont la première idole.

L'armée ne peut pas être une arme entre les mains du despotisme tant que nous aurons de vrais *députés* et de vraies *écharpes municipales*,

Le bien-être des soldats ou marins est, depuis long-temps, l'objet de nos sollicitudes, et s'il reste une amélioration à faire, c'est d'empêcher que, parmi nos chefs, il se glisse des hommes qui n'aient que le mérite de la *faveur*, de l'*intrigue* et *autres calamités subversives*, et qui, à coup sûr, n'ont pas inventé la poudre. On pourrait essayer pour cela du moyen suivant :

Les notes et l'avancement des matelots se font en conseil de tous les officiers réunis. Qu'on supprime les *notes secrètes* données aux officiers ; et que le conseil d'amirauté, pour l'avancement, n'opère qu'avec des notes *données au grand jour* devant une assemblée d'officiers, d'officiers mariniers et de marins.

Lorsqu'on a l'honneur de porter les insignes du commandement, on doit avoir le courage de son opinion, même en face des subordonnés que l'on blâme ou que l'on punit.

Notre Empereur n'a-t-il pas toujours eu le courage de sa *haute et toute Française mission.*

Que d'officiers ont été victimes des notes *secrètes* mais *injustes*?

———

CHARITÉ. — Je ne connais rien qui honore plus l'espèce humaine, et en fasse une race évidemment supérieure, que la pratique de la charité. Autrefois la charité se faisait dans la famille, et le pauvre, plus rare mais admis à notre table, faisait un instant partie de cette même famille, et s'en retournait le cœur content et reconnaissant. Aujourd'hui, le pauvre est nombreux, triste et envieux. Autrefois, les enfants reconnaissaient leurs mères et se souvenaient de leurs caresses ! Les femmes, en allaitant leurs enfants et en leur prodiguant leurs soins et leurs veilles étaient certaines, par ce moyen, d'arriver au cœur de leur mari !

Les vieillards d'autrefois fermaient leurs yeux à la lumière, sous le regard caressant et affectueux de leurs enfants.

Votez *des fonds* et *toujours des fonds* pour faire du *socialisme* et *communisme*, au lieu de faire de la charité. Couvrez notre sol d'établissements *prétendus* charitables. Adressez-vous à notre orgueil, au lieu de vous adresser à notre cœur ! et vous verrez figurer sur vos listes,

pompeusement publiées, les chiffres *ironique-
ment gras et ronds* de vos premiers pauvres
et des *industriels de la mendicité.*

Mais si vous vous obstinez à ne pas mettre
vos lunettes, vous n'y verrez pas *l'oreille de
Judas* accompagné d'*Ève* et de son *éternel ser-
pent.*

Faites donc une société religieuse et agricole
en tuant la famille, et vous arriverez à l'exhi-
bition d'une des nombreuses religions de cette
Amérique tant vantée où on représente Adam
et Ève servis au naturel et sans la moindre
feuille de vigne, en compagnie de leur enfant,
belle jeune fille servie aussi au naturel, et
également sans feuilles de vigne, aux Yankees
qui veulent se convertir à cette religion.

Et la misère, autrement triste et générale
de nos campagnards, depuis le fractionnement
des terres à l'infini !

Et le déboisement qui en est une conséquence !

Et l'appauvrissement du sol , résultat des petites cultures qui ne produisent que du travail sans profit !.... etc., etc.

Supposez une ferme de 50 hectares, exploitée par 8 personnes, 6 chevaux, 30 vaches.

En la divisant en 5 héritages de 10 hectares, il faudra, par portion, 4 personnes, 3 chevaux, 4 vaches, soit en totalité : 20 personnes, 15 chevaux, 20 vaches. — La grande ferme de 50 hectares récoltait du grain, les 5 petites fermes de 10 hectares ne récolteront que de la paille. — Toutes vos prétendues inventions de banques agricoles ne seront que des banques à la Fontanarose, et vos fermes-écoles ne seront que des écoles de communisme. Hors de la vraie famille agricole, point de salut et surtout point de produits agricoles..... pour vaincre ???

LA FAIM !!!

GRANDE PERSONNALITÉ DE LA FEMME.—
A l'origine de ce monde, la compagne de l'homme se plaçait sous la protection de cet être *fort,* et elle n'était à proprement parler que sa *femelle.* A force de tendresse et de civilisation, on était parvenu à faire de cet être que nos pères (non de famille) traitaient d'immonde et auquel ils refusaient même une âme, à en faire, dis-je, ce charmant papillon que nous appelons une *femme,* et qui est, *lorsqu'elle le veut*, la bienfaisante fée du bonheur et du foyer domestique.

Aujourd'hui Ève reparaît, et comme pour justifier l'*Écriture sainte,* elle incline *dévotement et sournoisement* sa jolie tête devant sa deuxième incarnation représentée par la Vierge-Marie ; mais elle la redresse en souriant au Génie du mal qui vient de lui souffler à l'oreille.

N'est-ce pas un triste spectacle que de voir la maladie du LUXE (lisez VANITÉ) prodiguer toutes les ressources de chacun de nous à la vie *extérieure*, alors que la vie *réelle*, celle de l'*intérieur*, est considérée comme un accessoire.

Allons ! Suivez-moi, jeune homme ! Empoignez-moi ça, jeune homme....

J'ai perdu...... J'ai perdu......! etc...., etc. le diamant se change en *affiche industrielle*, et sera peut-être bientôt *une valeur cotée à la bourse.*

On se marie réellement *peu*, mais on *s'accouple beaucoup*, avec le *seul, unique* et *peu noble* témoin *Saint-Écu.*

J'ai lu quelque part qu'autrefois quelques rares seigneurs profitaient d'un droit dit de *cuissage.* Aujourd'hui, le droit est moins noble, mais il est excessivement plus répandu, sous *l'invocation de Saint-Écu.* Où est le profit..... pour les femmes ?

Un des grands malheurs de notre époque, c'est de voir la femme adulée hypocritement par tous ceux qui veulent se faire un marche-pied au profit de leur petite personnalité, du piédestal où l'esprit de famille avait réussi à la hisser.

Voyez les livres, brochures, œuvres théâtrales, tribunes des députés, bientôt les tribunes du Sénat, tribunes ou places réservées dans les conférences de nos prochains sauveurs.... etc. Partout vous voyez l'industrie aux abois prodiguer à Ève le fallacieux parfum du fruit de l'arbre de la science du bien et du mal.....

Je vais terminer mes crayonnages sur les personnalités par des exemples pris sur la localité. J'estime, en particulier, chacun des membres qui composent nos diverses administrations *gouvernementales*, *départementales* et *autres*, et je constate que chez chacun d'eux on peut reconnaître une *remarquable supério-*

rité dominante soit au point de vue *financier,
architectural, voirie, etc., etc.*; mais je ne puis
m'empêcher de constater le fâcheux résultat dû,
selon moi :

1° Au changement trop fréquent de nos administrateurs ;

2° Au manque d'idée *suivie* qui en est la
conséquence..... etc., etc.

J'aime à prendre quelques bains de mer
pendant l'été, et depuis la création du Port
Napoléon, je suis forcé d'aller jusqu'au Con-
quet ou jusqu'à Berthaume pour trouver une
plage de sable comme je la désire.

La baie de Berthaume, surtout près du Trez-
Hir, me paraît un endroit privilégié pour les
amateurs de la belle nature et de la belle eau.

Une plage d'un sable fin, profond et accu-
mulé depuis des siècles faisait la joie des bai-
gneurs, des pêcheurs..... etc., et promettait à
tous les cultivateurs de ces parages de voir,
un jour prochain, leur pays transformé en séjour
de villégiature aquatique pendant une moitié
de l'année.

Je laisse à chacun de ces pauvres habitants
de la commune à comprendre combien leur
bien-être aurait été considérablement augmenté.
Aujourd'hui cette belle perspective est perdue,
car des spéculateurs de sable de mer servant
aux constructions, ont jugé à propos de venir
ravager cette belle plage, en enlevant, par jour
de beau temps, une moyenne de *cinquante mille
kilogrammes* de cette charmante promenade au
bord de l'eau.

Depuis quatre ans, le sol a baissé, au pied
des falaises, de 2 mètres environ ; la volûte
de la lame qui se brisait au large, à 30 ou 40

mètres dans les mauvais temps, vient tomber *actuellement* et *brutalement* au pied même des falaises et des dunes, et en enlève tous les jours une très notable portion.

Aujourd'hui :

Une vieille batterie qui défendait autrefois la baie est complètement tombée dans l'eau, le corps-de-garde de la douane est même démoli, après une longue agonie. Un chemin de communication, qui existait au haut de la falaise, est tombé en tout ou en partie dans la mer, et chaque mois enregistre la chute *mortelle* d'un cheval, d'un mouton, d'une vache...., etc., jusqu'au jour où une décision *forcée* obligera les propriétaires riverains à céder 10, 15 ou 30 mètres de leurs champs pour reculer cette indispensable voie de communication.

Les dunes protectrices de quelques basses terres, s'en vont à vue d'œil on ne sait où, et dans peu un immense marécage viendra nous

prouver que les siècles passés étaient de meilleurs ouvriers et de meilleurs gardiens de la
santé humaine que la *furia industrielle* de nos
jours.

La commune, assemblée en conseil, a réclamé
avec récidive ; quelques timides propriétaires
ont osé exprimer leurs *regrets*, et toute cette
paperasserie est allée s'enfouir dans le gouffre
administratif départemental, d'où a surgi :

1° Un placement de poteaux *défenseurs de
l'enlèvement du sable*, autour desquels on va
fumer, rire et faire toute espèce de choses,
excepté de se découvrir devant une défense que
chacun se garde bien de donner.

2° Une opinion donnée par le dernier agent
qui a tenu, *en dernier ressort* et *en ses dernières
mains*, les réclamations de la commune et des
quelques timides propriétaires, et qui n'a trouvé
d'autres réponse à faire que :

Il faut que tout le monde vive !!!!

Cette réponse pleine de courage... m'a masqué.

Suivez tout le littoral de notre vieille Armo-
rique et vous verrez partout les rivages dévastés,
les goëmons coupés avant *l'heure*, avec *fraude*,
et en *ruinant l'avenir* de cet engrais. Vous verrez
le *frai des poissons* détruit, les *huîtres et autres
coquillages disparus*, et vous vous demanderez
comme moi,

> *si nos administrations protectrices
> sont réellement françaises ?*

lorsqu'elles ont *sous la main*, mais qu'elles ne
veulent pas employer une armée de douaniers,
qui perdent leurs yeux à guetter *inutilement* un
fraudeur étranger, et qui n'attendent qu'un ordre
pour nous préserver de tous ces malheurs. La
conclusion de tout ceci, et d'une liberté *exagé-
rée* du commerce est, qu'à l'heure actuelle, il
est impossible de se procurer du poisson, des
huîtres, des coquillages ou du gibier, à moins
d'y donner en échange des flots d'or, alors

qu'autrefois ces aliments, tous spéciaux à notre pays , s'obtenaient pour toutes les classes du peuple, et notez bien que les vrais producteurs de ces denrées sont *relativement* plus pauvres qu'à l'époque où ils les laissaient aller à un prix modéré.

N'est-il pas *anormal, ridicule, anti-adminis-tratif*..... etc., etc., que les populations qui ont un pied dans l'Océan soient obligées de renoncer au poisson frais, à moins, *par une grande économie*, de le faire venir de Paris, ou de se contenter de la voie *également plus économique* de manger du poisson salé ou conservé d'après le procédé Appert.

A propos du peuple, je désire bien décidément en faire partie, *moi, tous mes voisins et tous les Français, depuis et y compris notre Empereur, jusqu'au malheureux confrère émigré au Mexique pour brosser le Protecteur.*

Trois *déménagements* équivalent à un *incendie* ! disaient toujours nos pères.

Depuis notre immortelle révolution de 1789,
devant laquelle je continue à m'incliner, car
j'en ai reconnu la nécessité, je ne puis m'empêcher de reconnaître aussi que :

Malgré MM. de Mirabeau et ses successeurs,

Malgré M. de Robespierre et les autres gou-
vernementaux à guillotine...., etc., etc.,

Nous reculons au lieu d'avancer en *civilisation,* en *bien-être général,* et surtout *particulier,*
en *moralité,* en *foi,* en *nationalité,* en *prépon-
dérance politique....,* etc.

Chaque gouvernement que nous installons,
avec ou sans émeutes, avec ou sans interven-
tion étrangère, arrive au pouvoir avec défiance
et en subissant la fâcheuse nécessité de s'ap-

puyer, pour durer quelques jours, sur les puis-
sances du jour :

*Financiers, Joueurs de bourse, Industriels de
toutes espèces, Cléricaux....., etc., etc.*, enfin
sur les personnalités prépondérantes de l'époque.

Chacun de ces gouvernements ne durant que
quelques années doit payer :

1° En entrant, les dévouements qui l'ont
aidé à monter ;

2° En sortant, les dévouements qui l'ont
aidé à descendre.

Sous chacun de ces gouvernements, on
change de *ministres* dans une proportion encore plus effrayante, et nous avons à solder
toujours, mais plus *fréquemment* :

1° Les dévouements de la veille ;

2° Les mêmes dévouements du lendemain.

Il a donc fallu donner un immense déve-
loppement aux anciennes administrations ; et
il a fallu *s'ingénier* pour en *inventer* de nou-
velles qui se contrôlent les unes les autres,
pour arriver à constater le *dernier sou*, qui
n'existe peut-être pas dans notre *escarcelle
nationale*.

Nous serons *tous* bientôt employés de l'État :
ce sera la pure égalité ; mais qui remplira alors
les caisses du gouvernement pour payer *tous
les Français*, devenus *budgétivores ????*.....

Je ne crois pas devoir énumérer tout ce que
faisaient autrefois nos ministres à vie et responsables, mais je puis vous dire, comme
exemple :

Un de nos ministres à vie d'autrefois avait
profité des dispositions naturelles du sol de
Brest pour y faire un port militaire, et à
Cherbourg, on a inventé un port artificiel qui
a coûté des tonnes d'or.

Aujourd'hui , nos ministres d'un jour (et quelles que soient leurs remarquables capacités), ne peuvent étudier aucune question, et laissent faire des ponts en l'air (monumentaux, c'est vrai, mais qui n'auront qu'un temps très court); et on ne peut pas quadrupler l'importance militaire du port de Brest en dépensant une faible partie de l'or enfoui à Cherbourg pour faire un bassin à flot de notre bel arsenal maritime..... etc., etc.

Cette modification est forcément enregistrée dans l'avenir, et alors quels biens auront produit tous les millions enfouis dans un pont en l'air (qui sera annulé pour faire place à deux ponts d'une écluse); dans la création de deux boulevards qu'on aurait pu éviter; dans le percement de la rue Lacrosse à toucher la rue Charronnière..... etc., etc.

Vauban faisait nos fortifications pour protéger notre port de guerre. Totleben , cet

illustre ingénieur russe , multipliait en Crimée ces mêmes talus de terre et de murailles
intérieures pour nous faire traîner en longueur
le siége de Sébastopol, et nos modernes édiles
du jour s'acharnent en pétitions pour obtenir
de notre Génie militaire (heureusement sourd
sur cette question) un aplanissement de nos
boulevards qui permettrait d'y créer une foule
de *guinguettes*.

Mais nous continuons à nous presser dans
nos deux insuffisantes issues pour arriver à
la *Partie annexée*.

Un de nos ministres à vie et responsables avait
créé cette affreuse inscription maritime. Nos ministres d'un jour l'ont modifiée, c'était justice,
et finalement démolie, et immédiatement nous
avons vu beaucoup de journaux crier à l'injustice, parce que l'on veut, faute de besoins, empêcher toutes nos familles riveraines d'intriguer
afin de faire rentrer , dans cette même ins-

cription *maudite et maritime*, père, grand'père, enfants ou non à la mamelle, frères...., etc.

Combien, parmi nos futurs aspirants à la députation, ont le seul et unique mérite qui consiste à pratiquer ce *socialisme adulateur de quelques finots* qui empochent leur argent et leur discours, en riant dans leur barbe de ces naïfs mais incorrigibles ambitieux.

Autrefois, *de par le Roi* et *d'un coup de baguette*, on créait des armées de navires naviguants, lorsque les caisses de l'Etat étaient vides, disait-on. Aujourd'hui on a toutes les peines du monde à jouer aux *pupilles* et aux *confitures*. A cette époque d'autrefois, les Tourville, les Jean-Bart, les Duquesne, les Surcouf, etc. commandaient beaucoup de navires à voiles ; et aujourd'hui que nous avons des chefs également remarquables, nous détruisons le prestige du grade en nommant un contre-amiral pour commander *pompeusement, en*

temps de paix, deux maigres corvettes *cuiras-
sées* et à vapeur qui plus est.

J'ai remarqué que, dans les républicailles
de certains pays, chaque homme possesseur de
quelques écus , de par lui ou de par ses an-
cêtres vinicoles, se faisait nommer *coronel* ou
yénéral de brigada, et que l'on arrivait à avoir
autant de chefs *inoccupés* que de soldats. Nous
marchons lentement vers ce résultat, mais enfin
nous y marchons.

———

SERVITEURS ET MAITRES. — Je connais
une petite localité où, au temps jadis, quelques maîtres abusaient du travail de leurs serviteurs ; mais il y avait beaucoup de vrais
serviteurs ! plus intéressés que leurs maîtres

eux-mêmes à la prospérité de la famille, dont
ces mêmes serviteurs faisaient autrefois partie,
à leur échelon bien entendu. Les hommes mar-
chaient en première ligne, les femmes venaient
après ; les enfants suivaient à une respectueuse
distance ; enfin, venaient les vrais serviteurs
qui avaient leur place dans les conseils de
l'intimité. Aujourd'hui , quelques serviteurs
sont comme les ministres

D'UN JOUR.

Ils chipotent leur engagement, mais ils ne
chipotent pas le sou par pièce ou par livre
que leur donnent certains marchands, en ou-
bliant de flairer la quantité ou la qualité d'une
denrée.

Comme le dit Alphonse Karr à propos des
femmes, lors de la saison des bains de mer : « Il
y a une pudeur d'eau douce et une pudeur d'eau
salée. » Ces rares serviteurs en sont quittes
pour aller, en sortant de la halle, s'agenouiller

à l'église qui est toujours voisine des marchés, entendre un sermon spécial pour le cas, et recevoir une absolution également spéciale et *item* aux fines herbes.

Dans une autre petite localité où les chemins de fer ne sont pas encore arrivés, et où ils n'arriveront que tard très probablement, les malheureux habitants qui veulent se rendre au centre le plus voisin, ont recours à la bonne volonté d'un service de voitures que l'on dit public, à prix fixe et à heure également fixe. Reconnaissons tout d'abord que ces voituriers sont écrasés d'impôts, et que, pour arriver à nouer les deux bouts de leur ficelle, ils sont obligés de jouer serré.

Mais cela ne fait pas la balance au profit des habitants : 1° des plaisanteries plus ou moins convenables adressées aux vieilles femmes passagères ; 2° des crèmes, douceurs, petits pâtés, etc., etc., commissionnés et rendus à destination huit jours après l'heure où leur sacrifice avait été décidé ; 3° des nuits passées à la belle ou humide étoile, par des malheureux qui frappent inutilement à une enseigne d'hôtel dit des *Voyageurs,* pour y réclamer une simple chaise au prix d'un confortable lit..... etc., etc.

AVIS IMPORTANT. — Les réclamations ne regardent les diverses autorités du lieu qu'aux époques des élections, aux conseils divers.

Dans une autre petite localité, et pendant la dernière année de disette, le pain se vendait à un sou ou deux sous de plus, par six livres *fictives,* qu'il ne se vendait dans les grands centres industriels.

Quant à la qualité, c'est toujours un problème, et M. le Maire de cette petite localité disait que tout cela ne le regardait pas.

J'ai vu ériger la Halle.

On a dit que c'est un édifice manqué, inutile..... etc. On l'a un peu utilisé, on aurait pu le faire davantage ; mais on a heureusement abandonné l'idée de le démolir, et grâces en soient rendues, aujourd'hui que le droit de réunion nous semble conquis......

J'ai vu construire le Tribunal, sanctuaire de la Justice.

On dit qu'il est peu monumental et qu'il ressemble beaucoup à un asile de prisonniers, soit ; mais il remplit son but, au point de vue de cette chère Justice.

J'ai vu construire le Lycée, et à peine avait-il quelques années d'existence qu'on le trouvait

incomplet, étroit, malsain.... etc., et qu'on voulait le convertir en caserne. Cette rage de démo-
litions inutiles n'a eu aucun effet, et nous en
rendons encore grâce à nos administrateurs.

Comment, en effet, compter sur les talents
d'édification de l'avenir, si nos modernes con-
structeurs ne sont pas capables de corriger les
inévitables défauts de trois édifices neufs et de
les approprier à leur but.

Nous avons un Marché *insuffisant*. Depuis
long-temps nous en demandons au moins un
autre ? Recouvrance n'en a pas ?

Brest a été découvert au point de vue maritime commercial, les uns disent à une époque
assez reculée ; d'autres disent quelques 50 ans
après la naissance de M. Le Roy de Keraniou,
auquel la ville a accordé 3,000 francs de dom-
mages et intérêts (composés..... peut-être).

De deux choses l'une : ou cette découverte
est capitale ou elle est absurde. Si elle est

réelle et capitale, elle intéresse non-seulement Brest, mais le Département, mais la France et l'Europe. Dans ce cas, les travaux du Port Napoléon auraient dû être faits par l'État, *EXCLUSIVEMENT*, avec de larges idées, comme l'État seul peut en avoir ; avec promptitude, avec suite, avec prévision de l'avenir...., etc., etc.

Notre premier bassin à flot devrait être terminé ; le second devrait être en construction ; le troisième esquissé et les autres dans les idées de l'avenir.

Aucune personnalité de port n'aurait dû venir entraver cette œuvre nationale, et en face des millions que la France prodigue aux trop favorisés parisiens, on aurait pu distraire quelques miettes du perpétuel banquet de notre capitale, pour *aider* le reste des Français à vivre au prix de leur industrie d'outre-mer.

La triste histoire de la Société des Ports de

Brest n'aurait pas dû avoir lieu ; aucun Brestois, avec ou sans fonctions, n'aurait dû y être mêlé.

Les compagnies industrielles et exclusivement personnelles ne devraient avoir aucune voix au chapitre, et nous ne serions pas à la veille de voir construire, d'une façon plus ou moins sérieuse, entre le premier et le deuxième bassin à flot, une petite industrie qu'il nous faudra très certainement racheter de cette compagnie, en lui abandonnant un, deux ou trois millions de bénéfice, comme reconnaissance de sa supériorité morale d'avoir su faire ses affaires, mais très peu celle de nos intérêts généraux.

Toute la côte Ouest, depuis l'entrée du Port militaire jusqu'au Portzic, doit être réservée pour les établissements accessoires du Port de Commerce.

L'idée, qui a été instant sur le point de prévaloir, d'y faire un vaste avant-port militaire, est heureusement abandonnée. On revient, pour la défense de notre premier arsenal maritime, à l'idée (émise par un vieil officier inférieur) que le premier port de l'Europe doit être défendu par des barrages *échelonnés, successifs* et *ornés de torpilles,* à la hauteur de la Roche-Mingant.

La question est mise au concours, non pas pour Brest, où elle a pris naissance, mais pour Toulon qui profitera encore le premier de nos bonnes idées maritimes.

L'État *seul* doit faire tout ce qui concerne le Port Napoléon, et doit le faire assez promptement pour que la caisse municipale ne se vide pas et n'engage pas notre avenir éloigné par des emprunts, des avances de fonds, des constructions aventurées, etc., etc. Nos dépenses n'auront de raison rationnelle d'être que le jour où une escadrille *commerciale américaine* aura indiqué à nos administrations municipales, départementales et gouvernementales, quel sera le point de notre vaste et nouvelle enceinte où le mouvement industriel se portera. D'ici-là, aucune pierre ne doit être *sérieusement* remuée à Brest. Nous devons vivre dans le provisoire, en quelque sorte sous la tente, et dans l'attente de notre avenir, il faut donc employer tout notre savoir-faire à provoquer le plus promptement possible une esquisse suffisante de la solution de l'avenir.

Une communication aussi directe que possible se faisait sentir entre le port de commerce et la ville, à la hauteur de la rue Neptune. Vis-à-vis de la non-solution de nos fortifications, de l'embarras pécuniaire où est la ville, et de bien d'autres considérations, on devait penser qu'un escalier provisoire en tôle aurait pu suffire, et on a fait un monument qui coûte fort cher, qui est indéplaçable et qui en entraînera un autre dans une partie plus à l'Est.

Nos confrères de la partie annexée réclament

depuis leur annexion, *et c'est toute justice, de l'eau, de l'éclairage, quelques voies de communication, un ou deux marchés....., etc., etc.;* mais on leur objecte avec une certaine raison que le tracé de la ville extérieure n'est pas encore fait, et ne peut *rationnellement* l'être qu'alors que le Port Napoléon ayant commencé à fonctionner aura obligé la nouvelle population *annexée, future, industrielle et commerciale,* à planter les piquets indiquant où elle veut établir l'assise de ses intérêts particuliers et des établissements municipaux que la ville lui doit. Toutes les prévisions sont pour que ce mouvement se dessine vers la zone comprise entre la ligne du chemin de fer et le rivage de la rade, ou entre cette ligne de chemin de fer et notre ancienne grande route impériale, et nous voyons, par une *déviation ruineuse mais incompréhensible d'optique,* nos écus s'égarer dans la zone de la partie annexée destinée à être habitée en DERNIER LIEU. Dans cette zone, on va dépenser 500,000 francs et peut-être plus pour faire une église, dite Saint-Martin. Dans un emplacement où il existe au moins trois ou quatre établissements charitables pourvus de chapelles, on n'a pas pensé à accorder une part de notre budget à l'érection d'édifices pour les autres cultes autorisés par nos libertés actuelles. On peut être chrétien, apostolique et romain et penser qu'étant aussi Français, on doive faire *également ou proportionnellement* pour chaque culte reconnu. On peut penser aussi que chacun de ces cultes doive ériger ses autels à ses frais et dépens.

Chacun de nous peut avoir sa pensée à ce sujet ; mais nous pouvons tous former une *imposante majorité* pour constater que l'opinion publique ne s'est manifestée que par les personnalités qui se disputent le plus ou le moins de bénéfices qu'ils comptaient faire sur cette

AFFAIRE.

Puisqu'il est question d'affaire, nous ne pouvons pas nous empêcher de revenir sur une question que nous avions l'intention de laisser passer, comme celle de la Prusse, pour un

FAIT ACQUIS.

Donc, toujours en vertu de la grande question de la nouvelle découverte de Brest, nous pensions que dès l'incendie du Théâtre (année 1866), on aurait pu, trois mois après, avoir la confortable salle provisoire actuelle, en utilisant *annuellement* la rente des cinq ou six cent mille francs que coûtera notre nouveau Théâtre.

Nos concitoyens qui, comme moi, aiment le théâtre, et le considèrent presque comme une école de moralité ou do démoralisation pour la jeunesse, et même pour l'âge plus mûr, selon les *Rocamboles* qu'on y représente ; ces concitoyens, dis-je, auraient peu senti les malheurs de cet incendie.

Nos neveux ou arrière-neveux ne pourraient pas dire, dans cinq ou six ans je suppose :

1° Ce théâtre est bien beau ;

2° On y est bien commodément assis ;

3° On y représente de bien belles œuvres ;

4° Il est aussi incombustible que possible ;

5° Les maisons environnantes n'ont que peu de choses à craindre ;

6° Etc....., etc....., etc.....

MAIS

1° Avec l'achat d'une maison pour prolonger son boyau, il coûte environ 150,000 francs de plus que s'il avait été édifié ailleurs ;

2° Il est peu commode d'y arriver et surtout d'en partir en voiture ;

3° De quelque côté qu'on le considère, et au

point de vue *monumental*, il ressemblera toujours à une *baraque*. . . . .

. . . .

. . . . etc., etc.

Cette question du théâtre vient à l'appui de
ce que nous voulons prouver en dernier ressort
dans cette brochure, à savoir :

Que quel que soit les capacités de nos administrateurs et quel que soit le résultat d'un vote
universel, il nous faudra, en plus, pour diriger
nos chers intérêts, la condition de se placer
à un point de vue assez élevé pour faire marcher les questions dans un sens qui reliera le
présent avec le *passé* et avec l'*avenir*. Nous ne
pouvons pas nier, en effet, que cette question
du théâtre a été soumise à l'arbitrage du vote
universel, sous la présidence du doyen de nos
juges de paix, inventeur de Poul-ar-Bachet.....,
etc., etc. Des affiches de commodo et incom-

modo ont été apposées, et nous sommes cependant arrivés à la solution actuelle...., etc., etc.

Le résultat le plus clair que nous aurons à voir ici pour ce qui nous regarde (nous Brestois), nous qui avons chacun amassé un petit pécule plus ou moins fort pour nos vieux jours, c'est de voir grossir *perpétuellement* à l'horizon ce gros bataillon des impôts de toute nature, habillé avec des affiches devant lesquelles nous délierons les cordons de nos bourses pour solder :

IMPÔTS foncier.
— des portes et fenêtres.
— directs, sous mille formes.
— indirects, sous mille autres formes.
— de circulation.
— de la mendicité.
— de patronage.
— des Carmes.
— etc., etc.,
ETC., ETC.

Remarque très importante : TOUJOURS AVEC AUGMENTATION.

Nos conseils généraux ont été requis pour *étudier* et *proposer* la meilleure solution de nos routes *agricoles*.

Ils vont *évidemment* demander des *fonds* plus ou moins *ronds*.

J'ai dit, quelque part plus haut, quelles économies résulteraient d'une décision du *vote universel* déclarant :

Que le pouvoir gouvernemental est héréditaire, afin que les ambitions *personnelles* n'aient plus devant les yeux ce but *miroitant* qui les *aveugle*.

Cette décision du vote universel entraînerait celle-ci :

L'armée, dite permanente, n'aurait plus lieu d'être continuellement tenue sur le *qui-vive*, pour venir prêter main forte à tous les *départements français* qui s'éveillent le matin en se demandant, comme après 1848 :

Les Parisiens ont-ils bien dormi ? et qui vont vaquer à leurs affaires lorsqu'ils ont acquis la certitude qu'on ne les mettra pas en révolution dans la journée ?

Avec cette inquiétude de moins sur la conscience, nous pourrions utiliser, avec une dépense insignifiante, notre armée permanente à faire de véritables travaux de Romains : aqueducs, voies départementales, vicinales....., etc., etc.

La simple affiche de nos pères :

LA PATRIE EST EN DANGER

nous réveillerait tous.

———

Un dernier mot avant de conclure.

Supposons que demain nous soyons en République sous un chef (car, même sous trois chefs, il y en aura un qui sera plus *malin* que les deux autres et qui les absorbera).

Ce chef, Quart Ier ou Protecteur ***, aura une rude besogne : il lui faudra une armée de secrétaires généraux ou particuliers pour répondre aux 40 millions de Français qui voudront tous avoir leur part du *gâteau*.

Cette armée de secrétaires, succombant sous le poids du travail, sera obligée de dormir près du *Chef*, d'y être logée, nourrie..... etc., etc.

Premier Palais, qu'on appellera, si vous voulez, la *Maison Blanche*, tout simplement pour ne pas l'appeler *Tuileries*.

Cette armée d'*aides du Chef* aura besoin de se transporter *illico* vers un point quelconque de la France ou de l'étranger pour y porter, je ne dirai pas la *volonté*, mais les *ordres impératifs du Chef* ou les indécisions de l'assemblée, après les *indiscrétions* des interpellations...... etc., etc.

Toutes les associations de *charité*, *d'apprentissage*... etc., ont besoin d'une loterie ou d'une quête.... etc., etc.

Nous pouvons voir surgir à l'horizon la même *séric de nécessités gouvernementales* auxquelles il n'y aura qu'un *changement de nom à faire*.

Notons ici que, depuis 1789, nous avons essayé les divers systèmes de gouvernement, et qu'à deux époques remarquables, alors que la France ne savait que faire pour se remettre à un niveau convenable à l'intérieur et à l'extérieur, nous nous sommes jetés à bras ouverts

dans l'idée civilisatrice représentée une première fois par Napoléon Ier et une deuxième
fois par Napoléon III.

On peut dire ce que l'on voudra sur le fon-
dateur de cette Dynastie; mais on ne peut pas
renier l'enthousiasme avec lequel la France a
accueilli le retour de ses cendres. Quant au
règne actuel, si notre Empereur montait aujour-
d'hui à la tribune pour y déposer son mandat;
en nous disant qu'il est *lassé, fatigué, blessé*
même de voir combien on l'aide peu à nous
apprendre à user, *sans abus, du vote universel,
de la liberté de la presse et du droit de réunion,*
objets de nos vœux; si, dis-je, il faisait une
pareille démarche, on lui reprocherait menta-
lement de ne pas assez se sacrifier à la cause
nationale, et on le supplierait probablement, à
une très imposante majorité, de conserver les
rênes de l'État.

EN RÉSUMÉ,

ce que chacun de nous se demande, c'est de savoir :

POUR QUEL CANDIDAT IL VOTERA ?

Il y avait beaucoup de bon dans l'ancien régime ; mais il me semble qu'un gouffre nous en sépare.

Le régime dit parlementaire avait aussi son bon côté; mais il m'a toujours fait l'effet d'une demi-mesure. On y parlait trop. On était trop industriel et pas assez agricole.... etc.

Je voudrais croire à la possibilité d'un régime républicain ou même socialiste ; mais je ne puis effacer de ma mémoire les impressions de mes voyages à travers les deux Amériques ; je ne puis m'empêcher de me souvenir du Pérou, du Chili, du Mexique, de la Plata....., etc., etc., et si je reporte mes yeux sur cette grandiose République des États du Nord, je ne puis m'empêcher d'y voir des tendances à une *autocratie* qui peserait non-seulement sur les États du Sud, mais encore sur tous les États Américains et sur l'Europe elle-même.

Je cherche partout où sont les *vrais amis* du *vrai peuple Français* ? où sont les *vrais défenseurs* du *faible* et de *l'opprimé* ? où sont *réellement* les vrais bienfaiteurs qui *veulent réellement* donner à la classe des *vrais travailleurs* un travail *soutenu, convenablement rémunérateur*, et qui permette, en un mot, à chacun de nous, de sortir de la poignante incertitude où nous sommes, et d'asseoir son existence sur une *base* réellement *solide, durable, libérale, fraternelle, égalitaire*....., *sensée*, en un mot ; et, avec toute ma bonne volonté, je me vois entraîné vers la conclusion ci-après qui me semble seule pouvoir satisfaire les légitimes aspirations de chacun de nous.

Lorsqu'on signale un mal, il faut indiquer un remède !

Parmi les candidats qui se présentent à nous, il peut arriver que l'un nous paraisse *trop pâle;*

un autre *trop arriéré,*

un autre *trop accentué et trop violemment entraîné vers les sphères idéales ;*

d'autres enfin *trop enchaînés à leurs affaires personnelles* pour que nous ayons l'espoir qu'il leur soit possible de s'occuper de nos intérêts généraux.

Nul n'est prophète en son pays; mais comme depuis une trentaine d'années nos affaires générales ont marché *cahin-caha,* il nous importe peu que notre candidat soit un indigène du département ; car, avec une simple promenade chez nous, dans les intervalles des sessions, il lui sera plus que possible de voir où le *bât nous blesse*, même dans les plus petites questions.

Donc, s'il y a une notable quantité d'électeurs qui pensent comme moi ; si les candidats qui se présentent à nous n'adoptent pas le programme dont nous venons de tracer le cadre, et ne *promettent* pas *surtout* d'en suivre les voies, nous pourrions nous adresser par exemple :

à Alphonse Karr

Celui-là sera, autant qu'on peut juger, un homme par ce qu'il écrit (et nous en sommes à ce point électoral), un candidat réunissant:

L'esprit et le bon sens ;

L'indépendance (tant désirée) ;

L'énergie d'un bon citoyen ;

Le courage d'un missionnaire ;

Etc., etc.

Ceci est mon opinion personnelle, et si j'ai remué un peu de vase pour mieux faire sentir le piége où nous pourrions nous embourber, je prie de vouloir croire à tout le regret que j'éprouve de faire le métier de *critique*, et de croire surtout avec quel respect je m'inclinerai devant le vote de la majorité de la Nation.

Je serai *Légitimiste*, *Orléaniste*, *Impérialiste*, *Républicain* ou......., du moment que notre belle Patrie l'aura *bien réellement* voulu ; et je me déclare complètement satisfait d'être

FRANÇAIS.

CONCLUSION

Monsieur mon futur Mandataire,

Je crois vous avoir suffisàmment indiqué que je désire que votre mandat soit :

1° De consolider la Famille (sans avoir recours bien entendu au rétablissement du droit d'aînesse, qui n'est pas dans nos mœurs ni dans nos idées, bien qu'il existe chez la vieille Angleterre si enviée).

2° De sauver la belle Religion de nos pères du naufrage de la Foi, où un cléricanisme obstiné, mais imprudent, la précipite avec une trop effrayante rapidité.

3° Enfin, de vous joindre à moi pour vous découvrir et crier comme moi :

VIVE L'EMPEREUR !

et

DIEU SAUVE LA FRANCE !

UN VIEUX MARIN

(en retraite amoindrie).

Brest, Imp. Gadreau, Rampe, 55